APRENDIZAGEM
MATEMÁTICA

ATIVIDADES

2

Organizadora: SM Educação
Obra coletiva, desenvolvida e produzida por SM Educação.
São Paulo, 1ª edição, 2019

Aprendizagem Matemática 2
© Edições SM Ltda.
Todos os direitos reservados

Direção editorial	M. Esther Nejm
Gerência editorial	Cláudia Carvalho Neves
Gerência de *design* e produção	André Monteiro
Edição executiva	Andrezza Guarsoni Rocha
	Edição: Cármen Matricardi, Diana Maia, Fernanda Carvalho, Isabella Semaan, Patricia Nakata
	Suporte editorial: Fernanda Fortunato
Coordenação de preparação e revisão	Cláudia Rodrigues do Espírito Santo
	Preparação e revisão: Ana Paula Perestrelo, Cecilia Farias, Eliana Vila Nova de Souza, Valéria Cristina Borsanelli, Vera Lúcia Rocha
Coordenação de *design*	Gilciane Munhoz
Coordenação de arte	Ulisses Pires
	Edição de arte: Elizabeth Kamazuka Santos, Vitor Trevelin
Coordenação de iconografia	Josiane Laurentino
	Pesquisa iconográfica: Bianca Fanelli
	Tratamento de imagem: Marcelo Casaro
Capa	Andreza Moreira, Gilciane Munhoz
Projeto gráfico	João Pedro Brito, Gilciane Munhoz
Editoração eletrônica	Setup Bureau Editoração Eletrônica
Pré-impressão	Américo Jesus
Fabricação	Alexander Maeda
Impressão	Pifferprint

Dados Internacionais de Catalogação na Publicação (CIP)
(Câmara Brasileira do Livro, SP, Brasil)

Aprendizagem matemática 2 : atividades : ensino
   fundamental : anos iniciais / organizadora SM Educação ;
   obra coletiva, desenvolvida e produzida por SM
   Educação. — 1. ed. — São Paulo : Edições SM, 2019.

   ISBN 978-85-418-2391-3 (aluno)
   ISBN 978-85-418-2400-2 (professor)

   1. Matemática (Ensino fundamental)

19-26574   CDD-372.7

Índices para catálogo sistemático:
1. Matemática : Ensino fundamental 372.7

Maria Alice Ferreira - Bibliotecária - CRB-8/7964

1ª edição, 2019
2ª impressão, 2020

SM Educação
Rua Tenente Lycurgo Lopes da Cruz, 55
Água Branca 05036-120 São Paulo SP Brasil
Tel. 11 2111-7400
atendimento@grupo-sm.com
www.grupo-sm.com/br

APRESENTAÇÃO

CARO ALUNO, CARA ALUNA,

A COLEÇÃO **APRENDIZAGEM MATEMÁTICA** FOI ELABORADA PARA VOCÊ PRATICAR SEUS CONHECIMENTOS EM MATEMÁTICA.

POR MEIO DE ATIVIDADES VARIADAS, VOCÊ VAI RECORDAR E APLICAR OS CONTEÚDOS ESTUDADOS.

DESEJAMOS QUE ESTA COLEÇÃO CONTRIBUA PARA SUA FORMAÇÃO.

BONS ESTUDOS!

EQUIPE EDITORIAL

SUMÁRIO

■ MÓDULO 1 - NÚMEROS

NÚMEROS NO COTIDIANO 6
NÚMEROS DE 0 A 9 7
ORDENAÇÃO 8
NÚMEROS ORDINAIS 9
NÚMEROS ATÉ 19 10
DÚZIA E MEIA DÚZIA 11
PROBLEMAS 12
EXPLORE MAIS 13

■ MÓDULO 2 - NÚMEROS, ADIÇÃO E SUBTRAÇÃO

DEZENAS INTEIRAS 14
ADIÇÃO E SUBTRAÇÃO DE DEZENAS INTEIRAS ... 15
NÚMEROS ATÉ 99 16
ADIÇÃO 18
SUBTRAÇÃO 20
PROBLEMAS 22
EXPLORE MAIS 23

■ MÓDULO 3 - GEOMETRIA

FIGURAS GEOMÉTRICAS NÃO PLANAS 24
FIGURAS GEOMÉTRICAS PLANAS 26
PADRÕES 27
LOCALIZAÇÃO 28
PROBLEMAS 30
EXPLORE MAIS 31

■ MÓDULO 4 - MAIS NÚMEROS

CENTENA 32
CENTENAS INTEIRAS 33
NÚMEROS ATÉ 999 34
PROBLEMAS 36
EXPLORE MAIS 37

MÓDULO 5 - MAIS ADIÇÃO E SUBTRAÇÃO

ADIÇÃO 38
SUBTRAÇÃO 40
PROBLEMAS 42
EXPLORE MAIS 43

MÓDULO 6 - GRANDEZAS E MEDIDAS

INSTRUMENTOS DE MEDIDA 44
MEDIDAS DE COMPRIMENTO 45
MEDIDAS DE TEMPO 46
MEDIDAS DE MASSA 47
MEDIDAS DE CAPACIDADE 48
CÉDULAS E MOEDAS 49
PROBLEMAS 50
EXPLORE MAIS 51

MÓDULO 7 - MULTIPLICAÇÃO

VEZES 2 E VEZES 3 52
VEZES 4 E VEZES 5 53
DOBRO E TRIPLO 54
METADE E TERÇO 55
PROBLEMAS 56
EXPLORE MAIS 57

MÓDULO 8 - ESTATÍSTICA E PROBABILIDADE

TABELAS E GRÁFICOS 58
CLASSIFICAÇÃO DE EVENTOS 62
PROBLEMAS 63
EXPLORE MAIS 64

MÓDULO 1

NÚMEROS

NÚMEROS NO COTIDIANO

1. OBSERVE OS NÚMEROS QUE APARECEM NA CENA A SEGUIR.

A) QUAIS NÚMEROS FORAM USADOS PARA INDICAR QUANTIDADE? _____

B) NA FAIXA DA PRAÇA APARECE UM NÚMERO QUE INDICA:

☐ QUANTIDADE.   ☐ CÓDIGO.

☐ ORDEM.   ☐ MEDIDA.

C) ESCREVA O NÚMERO QUE FOI USADO PARA INDICAR MEDIDA.
_____

D) QUAL NÚMERO FOI USADO COMO CÓDIGO? _____

2. COMPLETE AS FRASES A SEGUIR.

A) TENHO _____ ANOS DE IDADE.

B) MORO NA CASA DE NÚMERO _____.

C) O NÚMERO DO MEU SAPATO É _____.

D) EM MINHA SALA HÁ _____ ALUNOS.

NÚMEROS DE 0 A 9

3. EM CADA CASO, CONTE OS ANIMAIS E REGISTRE A QUANTIDADE COM ALGARISMOS E POR EXTENSO.

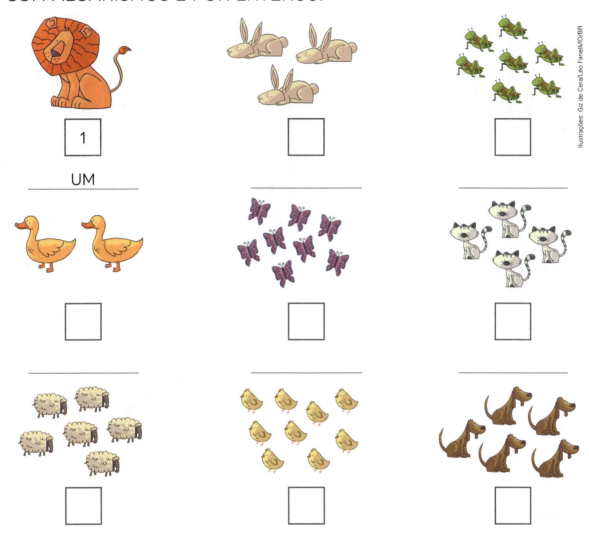

UM

4. OBSERVE OS BRINQUEDOS A SEGUIR E ESCREVA NO QUADRINHO A QUANTIDADE DE CADA UM.

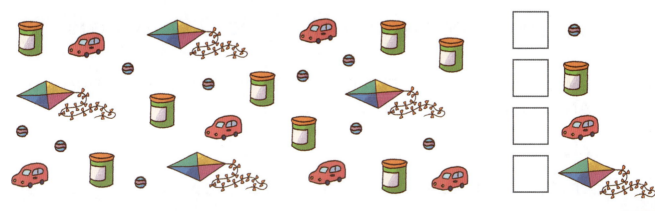

SETE 7

MÓDULO 1

ORDENAÇÃO

5. COMPLETE AS SEQUÊNCIAS A SEGUIR DE ACORDO COM O PADRÃO.

A)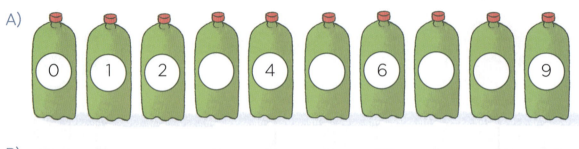

B)

6. EM CADA CASO, OBSERVE A SEQUÊNCIA DE OBJETOS E MARQUE COM UM **X** A MANEIRA COMO ELES FORAM ORGANIZADOS DA ESQUERDA PARA A DIREITA.

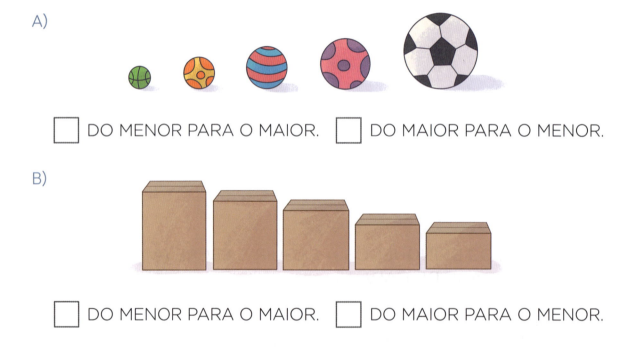

A)

☐ DO MENOR PARA O MAIOR.   ☐ DO MAIOR PARA O MENOR.

B)

☐ DO MENOR PARA O MAIOR.   ☐ DO MAIOR PARA O MENOR.

7. EM CADA CASO, ESCREVA O NÚMERO QUE VEM IMEDIATAMENTE ANTES E O QUE VEM IMEDIATAMENTE DEPOIS.

A) _____ 8 _____   C) _____ 3 _____

B) _____ 6 _____   D) _____ 1 _____

NÚMEROS ORDINAIS

8. COMPLETE A SEQUÊNCIA DE NÚMEROS ORDINAIS.

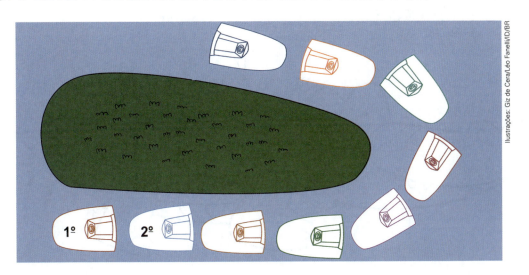

9. ESCREVA POR EXTENSO OS NÚMEROS ORDINAIS.

A) 1º _____

B) 2º _____

C) 3º _____

D) 4º _____

E) 5º _____

F) 6º _____

G) 7º _____

H) 8º _____

I) 9º _____

10. OBSERVE A POSIÇÃO DAS PESSOAS NA FILA DO CAIXA ELETRÔNICO.

A) LAURA É A PRIMEIRA DA FILA E ESTÁ DE CAMISETA ROXA. QUAL É A COR DA CAMISETA DA 5ª PESSOA DA FILA?
_____

B) EVERTON ESTÁ DE CAMISETA ROSA. QUAL É A POSIÇÃO QUE ELE OCUPA NA FILA? _____

NOVE 9

MÓDULO 1

NÚMEROS ATÉ 19

11. LIGUE OS PONTOS SEGUINDO A SEQUÊNCIA DO MAIOR PARA O MENOR NÚMERO. DEPOIS, PINTE O DESENHO.

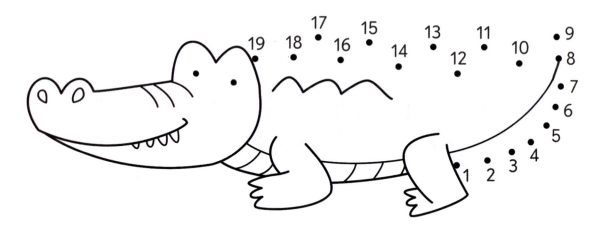

12. OBSERVE A CENA A SEGUIR E, DEPOIS, RESPONDA ÀS QUESTÕES.

A) QUANTOS HOMENS HÁ NA CENA? _____

B) QUAL SERÁ O NÚMERO DE HOMENS SE CHEGAR MAIS UM?
_____

13. COMPLETE COM OS NÚMEROS NA ORDEM CRESCENTE.

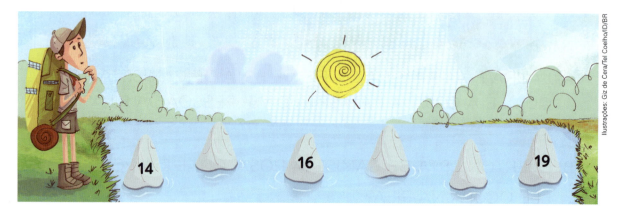

10 DEZ

DÚZIA E MEIA DÚZIA

14. CONTORNE **UMA DÚZIA** DE PASSARINHOS NA ÁRVORE.

15. EM CADA CASO, DESENHE OS OBJETOS QUE FALTAM PARA COMPLETAR **UMA DÚZIA** DE OBJETOS.

A)

B)

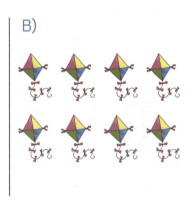

16. PINTE OS ELEMENTOS DO GRUPO QUE TEM **MEIA DÚZIA** DE ANIMAIS.

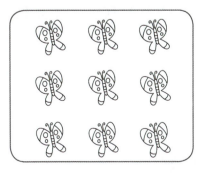 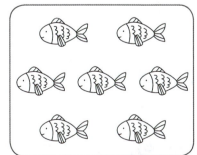 

ONZE 11

MÓDULO 1

PROBLEMAS

17. JOSIEL ORGANIZOU OS UNIFORMES DE SUA EQUIPE DE FUTEBOL. VEJA COMO FICOU.

A) QUANTAS DEZENAS PODEM SER FORMADAS COM AS CAMISAS? _____

B) DEPOIS DE FORMAR AS DEZENAS, VÃO SOBRAR QUANTAS CAMISAS? _____

C) QUANTAS CAMISAS HÁ NA CENA? _____

18. OBSERVE AS PESSOAS NO PARQUE.

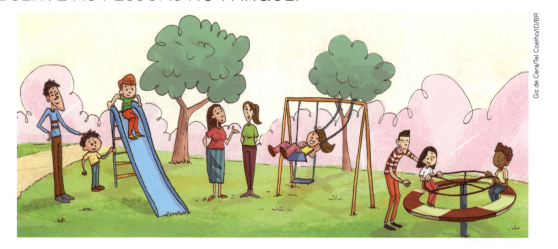

A) QUANTAS CRIANÇAS HÁ NO PARQUE? E QUANTOS ADULTOS?
_____

B) HÁ MAIS CRIANÇAS OU ADULTOS NESSE PARQUE?
_____

C) QUANTAS PESSOAS HÁ AO TODO? _____

EXPLORE MAIS

19. OBSERVE ALGUNS ALUNOS DESENHANDO.

A) QUANTOS ALUNOS ESTÃO SEGURANDO O LÁPIS COM A MÃO ESQUERDA? _____

B) QUANTOS ALUNOS ESTÃO SEGURANDO O LÁPIS COM A MÃO DIREITA? _____

20. OBSERVE AS CENAS A SEGUIR. DEPOIS, INDIQUE A ORDEM CORRETA DELAS COMPLETANDO OS QUADRINHOS COM OS NÚMEROS ORDINAIS.

TREZE 13

MÓDULO 2

NÚMEROS, ADIÇÃO E SUBTRAÇÃO

DEZENAS INTEIRAS

1. AGRUPE OS ITENS DE 10 EM 10 EM CADA SITUAÇÃO A SEGUIR. DEPOIS, COMPLETE AS FRASES.

A)

HÁ _____ DEZENAS E _____ UNIDADE.

B)

HÁ _____ DEZENAS E _____ UNIDADE.

C)

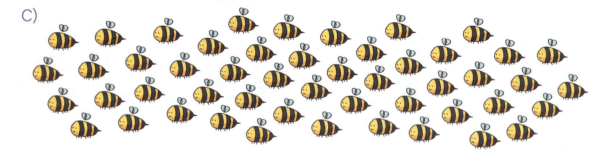

HÁ _____ DEZENAS E _____ UNIDADE.

2. DESCUBRA A REGRA ABAIXO E, DEPOIS, COMPLETE A SEQUÊNCIA.

10 20   90

ADIÇÃO E SUBTRAÇÃO DE DEZENAS INTEIRAS

3. COMPLETE AS LACUNAS DE ACORDO COM A IMAGEM ABAIXO.

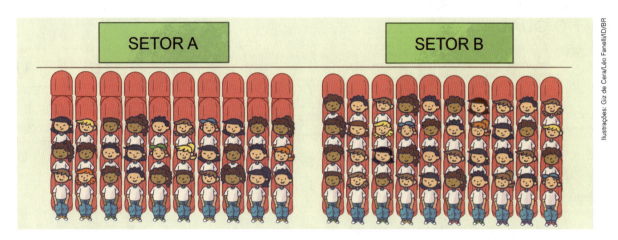

HÁ 3 DEZENAS DE ALUNOS NO SETOR A E _____ DEZENAS DE ALUNOS NO SETOR B.

_____ DEZENAS + _____ DEZENAS = _____ DEZENAS

30 + _____ = _____

AO TODO, HÁ _____ ALUNOS.

4. OBSERVE A IMAGEM E, DEPOIS, RESPONDA À QUESTÃO.

- QUANTOS GUARDANAPOS HÁ, NO TOTAL, NAS DUAS EMBALAGENS?

_____

5. CALCULE O RESULTADO DAS SUBTRAÇÕES ABAIXO.

A) 80 − 20 = _____

B) 40 − 30 = _____

C) 50 − 30 = _____

D) 60 − 10 = _____

QUINZE **15**

MÓDULO 2

NÚMEROS ATÉ 99

6. EM CADA CASO, AGRUPE OS CÍRCULOS DE 10 EM 10 E COMPLETE O QUADRO.

A)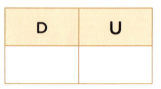

B)

C)

7. QUAL NÚMERO PODE SER FORMADO COM AS QUANTIDADES INDICADAS ABAIXO?

A) 5 DEZENAS E 7 UNIDADES: _____

B) 4 DEZENAS E 3 UNIDADES: _____

C) 6 DEZENAS E 1 UNIDADE: _____

8. DECOMPONHA OS NÚMEROS EM DEZENAS E UNIDADES. DEPOIS, ESCREVA COMO SE LÊ CADA UM DELES.

A) 2 6

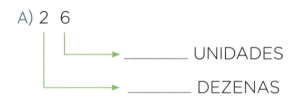

_____ UNIDADES

_____ DEZENAS

26 = _____ + _____

LEMOS: _____

B) 7 2

_____ UNIDADES

_____ DEZENAS

72 = _____ + _____

LEMOS: _____

16 DEZESSEIS

9. OBSERVE AS SITUAÇÕES ILUSTRADAS A SEGUIR.

- EM QUAL SITUAÇÃO FORAM PEDIDAS MAIS CORREIAS?
  _____

10. RESPONDA ÀS QUESTÕES A SEGUIR.

A) QUANTAS DEZENAS HÁ NO NÚMERO 35? _____

B) QUANTAS DEZENAS HÁ NO NÚMERO 48? _____

C) EM QUAL NÚMERO HÁ MAIS DEZENAS: NO 35 OU NO 48?
   _____

D) QUAL NÚMERO É MAIOR: 35 OU 48? _____

11. COMPLETE AS FRASES USANDO AS PALAVRAS **MAIOR** OU **MENOR**.

A) 7 É _____ QUE 10.   D) 74 É _____ QUE 64.

B) 17 É _____ QUE 12.   E) 63 É _____ QUE 82.

C) 34 É _____ QUE 38.   F) 52 É _____ QUE 27.

DEZESSETE 17

MÓDULO 2

ADIÇÃO

12. OBSERVE AS PEÇAS DE DOMINÓ MOSTRADAS ABAIXO. DEPOIS, FAÇA O QUE SE PEDE.

A) CONTORNE DE **VERMELHO** AS PEÇAS DE DOMINÓ EM QUE O TOTAL DE PONTOS É IGUAL A 3.

B) CONTORNE DE **VERDE** AS PEÇAS DE DOMINÓ EM QUE O TOTAL DE PONTOS É IGUAL A 6.

C) CONTORNE DE **AZUL** AS PEÇAS DE DOMINÓ EM QUE O TOTAL DE PONTOS É IGUAL A 9.

13. CONTE OS CLIPES A SEGUIR E, DEPOIS, COMPLETE AS LACUNAS.

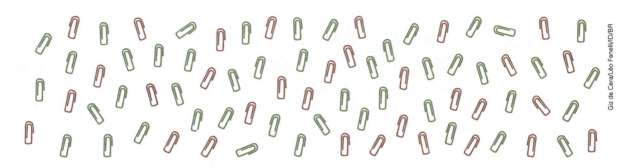

HÁ _____ CLIPES VERMELHOS E _____ CLIPES VERDES.

_____ + _____ = _____

NO TOTAL, HÁ _____ CLIPES.

14. VEJA COMO FAZER UMA ADIÇÃO USANDO A RETA NUMÉRICA. DEPOIS, RESOLVA CADA ITEM DA MESMA MANEIRA.

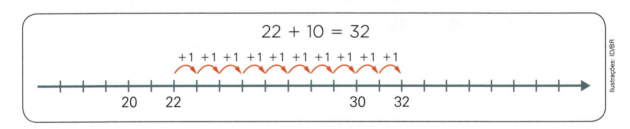

A) 47 + 5 = _____

B) 50 + 11 = _____

C) 63 + 18 = _____

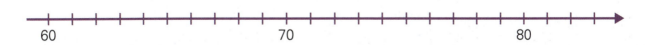

DEZENOVE 19

MÓDULO 2

SUBTRAÇÃO

15. MARQUE COM UM **X** OS OBJETOS QUE DEVEM SER RETIRADOS DE CADA GRUPO PARA QUE ELE FIQUE COM A QUANTIDADE INDICADA NO QUADRINHO. DEPOIS, ESCREVA UMA SUBTRAÇÃO PARA REPRESENTAR A SITUAÇÃO EM CADA CASO. VEJA UM EXEMPLO.

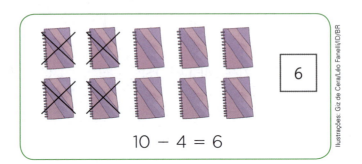

10 − 4 = 6

A)

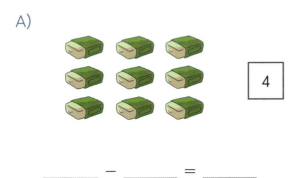

____ − ____ = ____

D)

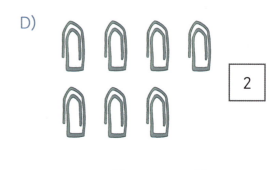

____ − ____ = ____

B)

____ − ____ = ____

E)

____ − ____ = ____

C)

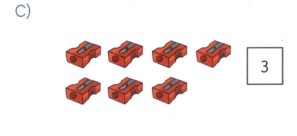

____ − ____ = ____

F)

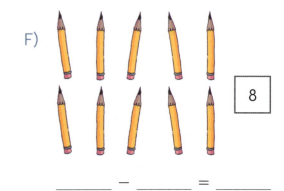

____ − ____ = ____

16. VEJA COMO FAZER UMA SUBTRAÇÃO USANDO A RETA NUMÉRICA. DEPOIS, RESOLVA CADA ITEM DA MESMA MANEIRA.

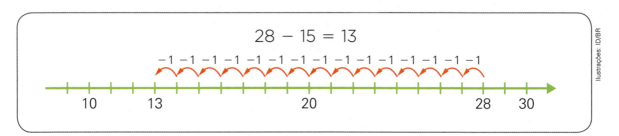

A) 19 − 6 = _____

B) 51 − 18 = _____

C) 66 − 21 = _____

17. ACOMPANHE A SUBTRAÇÃO 76 − 45 REALIZADA COM O MATERIAL DOURADO E COMPLETE AS LACUNAS.

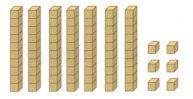 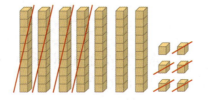 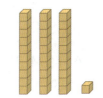

REPRESENTAMOS O MAIOR NÚMERO, NO CASO, 76. TEMOS _____ DEZENAS E _____ UNIDADES.

RETIRAMOS 45 DE 76. O NÚMERO 45 TEM _____ DEZENAS E _____ UNIDADES.

RESTAM _____ DEZENAS E _____ UNIDADE. ENTÃO: 76 − 45 = _____

MÓDULO 2

PROBLEMAS

18. MARIANA, EDUARDO E ROBERTA ESTÃO ANDANDO DE BICICLETA EM UMA CICLOVIA. OBSERVE.

A) QUANTOS QUILÔMETROS EDUARDO PERCORREU?

EDUARDO PERCORREU _____ QUILÔMETROS.

B) QUANTOS QUILÔMETROS OS TRÊS PEDALARAM JUNTOS?

ELES PEDALARAM _____ QUILÔMETROS JUNTOS.

19. RITA TEM 25 ANOS. ELA TEM 2 ANOS A MAIS QUE SUA IRMÃ BRUNA. QUANTOS ANOS BRUNA TEM?

BRUNA TEM _____ ANOS DE IDADE.

EXPLORE MAIS

20. COMPLETE OS QUADROS A SEGUIR COM O RESULTADO DAS OPERAÇÕES INDICADAS.

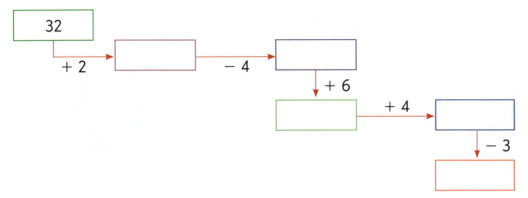

21. REPRESENTE A SUBTRAÇÃO ABAIXO COM UM DESENHO E, DEPOIS, ESCREVA O RESULTADO.

22 − 14 = _____

22. MARQUE COM UM **X** AS BOLHAS EM QUE A SUBTRAÇÃO TEM RESULTADO IGUAL A 2.

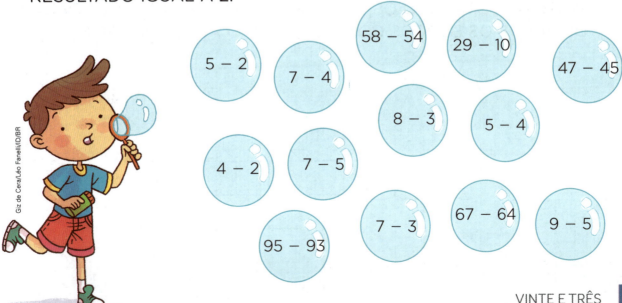

MÓDULO 3

GEOMETRIA

FIGURAS GEOMÉTRICAS NÃO PLANAS

1. OBSERVE OS OBJETOS A SEGUIR.

BOLA DE NATAL

CAIXA DE CREME DE LEITE

LATA DE ERVILHA

TIJOLO

ENFEITE DE PIRÂMIDE

PIZZA NO CONE

- AGORA, COMPLETE O QUADRO.

OBJETOS QUE TÊM FORMA NÃO ARREDONDADA	OBJETOS QUE TÊM FORMA ARREDONDADA

2. OBSERVE O CASTELO QUE VANESSA CONSTRUIU. EM SEGUIDA, PINTE DE **VERMELHO** OS BLOCOS COM FORMA ARREDONDADA E DE **VERDE** OS BLOCOS COM FORMA NÃO ARREDONDADA.

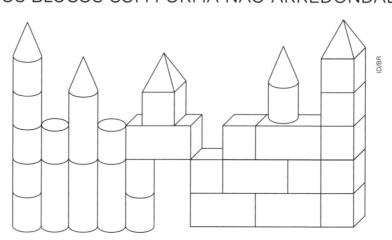

24 VINTE E QUATRO

3. CONTORNE OS OBJETOS QUE LEMBRAM UM PARALELEPÍPEDO.

4. OBSERVE AS FOTOGRAFIAS ABAIXO.

- PODEMOS IDENTIFICAR A FORMA DE UM CILINDRO NA FOTOGRAFIA DE NÚMERO _____.

5. PINTE AS FIGURAS GEOMÉTRICAS NÃO PLANAS QUE TÊM PARTES ARREDONDADAS.

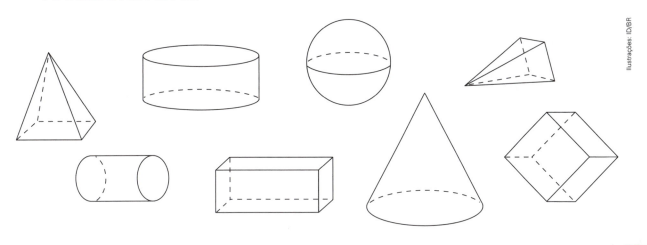

VINTE E CINCO 25

FIGURAS GEOMÉTRICAS PLANAS

6. NO DESENHO ABAIXO, PINTE:

   - OS TRIÂNGULOS DE **VERMELHO**;
   - OS RETÂNGULOS DE **VERDE**; E
   - OS CÍRCULOS DE **AMARELO**.

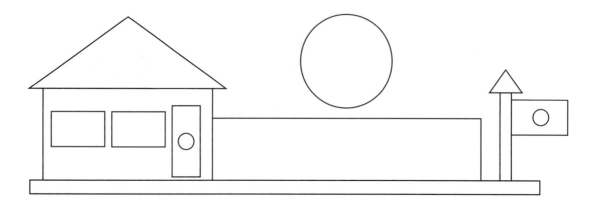

7. PINTE O MOLDE QUE PODE SER USADO PARA CONSTRUIR UM MODELO DE PIRÂMIDE.

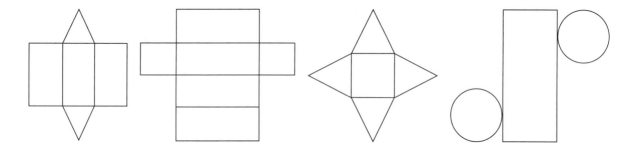

8. MARQUE COM UM **X** A FIGURA QUE PODE SER OBTIDA USANDO UM OBJETO COM FORMA DE CUBO.

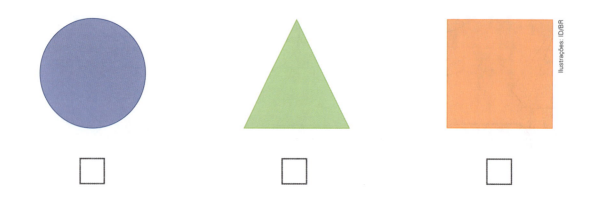

PADRÕES

9. OBSERVE ABAIXO A SEQUÊNCIA DE FIGURAS PLANAS E DESCUBRA SEU PADRÃO.

- AGORA, COMPLETE A FRASE.

  A PRÓXIMA FIGURA DESSA SEQUÊNCIA SERÁ UM _____

  DE COR _____.

10. DESCREVA O PADRÃO DE CADA UMA DAS SEQUÊNCIAS ABAIXO.

A)

_____
_____
_____

B)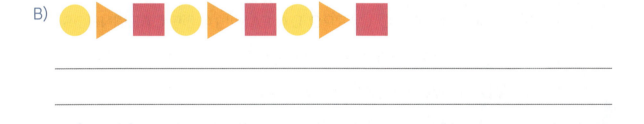

_____
_____
_____

11. VALÉRIA COMEÇOU A PINTAR UMA MALHA QUADRICULADA. DESCUBRA O PADRÃO QUE ELA USOU E CONTINUE PINTANDO.

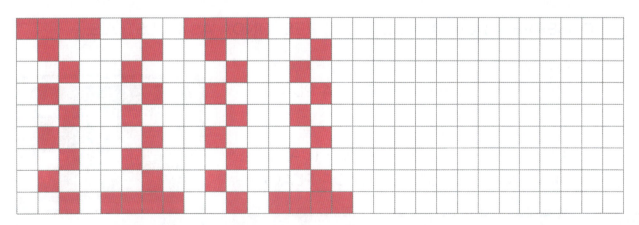

VINTE E SETE 27

MÓDULO 3

LOCALIZAÇÃO

12. CARLINHOS ACABA DE CHEGAR COM A FAMÍLIA DELE AO ESTACIONAMENTO.

A) CONTORNE O CARRO QUE ESTÁ ATRÁS DO CARRO DA FAMÍLIA DE CARLINHOS.

B) PINTE O QUADRINHO A SEGUIR COM A COR DO CARRO QUE ESTÁ NA FRENTE DO CARRO DA FAMÍLIA DE CARLINHOS. ☐

C) PINTE O QUADRINHO A SEGUIR COM A COR DO CARRO QUE ESTÁ À DIREITA DO CARRO DA FAMÍLIA DE CARLINHOS. ☐

D) AGORA, PINTE O QUADRINHO A SEGUIR COM A COR DO CARRO QUE ESTÁ À ESQUERDA DO CARRO DA FAMÍLIA DE CARLINHOS. ☐

13. OBSERVE A PLACA A SEGUIR E RESPONDA ÀS QUESTÕES.

A) A CIDADE DE PIRAPORINHA FICA À DIREITA OU À ESQUERDA DA PLACA?
_____

B) A CIDADE DE MATÃOZINHO FICA À DIREITA OU À ESQUERDA DA PLACA?
_____

28 VINTE E OITO

14. LEIA AS INDICAÇÕES DESCRITAS A SEGUIR E DESENHE O CAMINHO QUE DÉBORA FEZ PARA IR DA ESCOLA ATÉ A PADARIA.

DÉBORA SAIU DA ESCOLA, VIROU À ESQUERDA, SEGUIU EM FRENTE, ENTROU NA 1ª RUA À DIREITA, SEGUIU EM FRENTE, CRUZOU DUAS RUAS E ENTROU NA PADARIA, À ESQUERDA.

15. DESCREVA O CAMINHO QUE FLÁVIO FEZ PARA IR DA CASA DELE ATÉ O PARQUE.

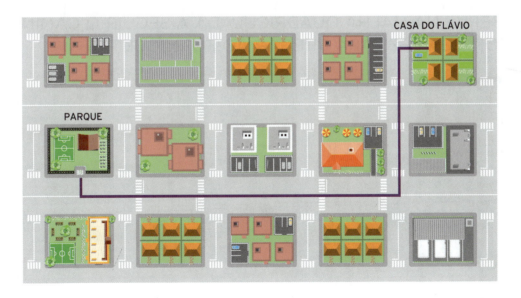

_____
_____
_____

VINTE E NOVE 29

MÓDULO 3

PROBLEMAS

16. CADA CRIANÇA USOU UM OBJETO PARA CARIMBAR SUA CAMISETA. OBSERVE.

- LIGUE CADA CRIANÇA AO OBJETO QUE ELA PODE TER USADO PARA CARIMBAR SUA CAMISETA.

17. OBSERVE NA MALHA QUADRICULADA A SEGUIR O CAMINHO QUE A FORMIGA FEZ PARA CHEGAR AO FORMIGUEIRO.

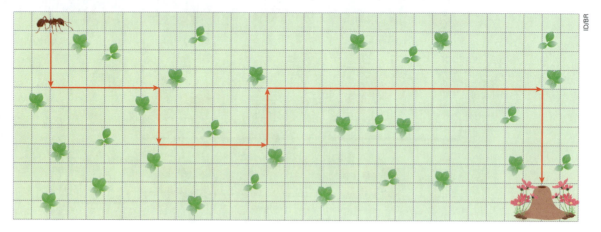

- AGORA, COMPLETE A DESCRIÇÃO DESSE CAMINHO USANDO SETAS NUMERADAS.

EXPLORE MAIS

18. ENCONTRE O NOME DAS FIGURAS ABAIXO NO QUADRO DE LETRAS.

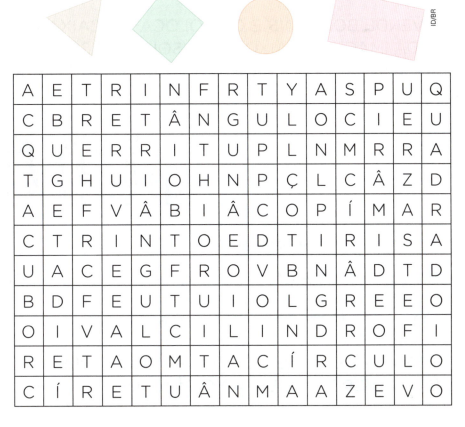

19. LEIA AS DICAS DE MARIANA E ENCONTRE O OBJETO QUE ELA GUARDOU NA ESTANTE.

EU GUARDEI O OBJETO QUE ESTÁ NA SEGUNDA PRATELEIRA DE CIMA PARA BAIXO. ELE ESTÁ ACIMA DO OBJETO QUE SE PARECE COM UM CONE.

MARIANA GUARDOU _____.

MÓDULO 4 — MAIS NÚMEROS

CENTENA

1. BIANCA VENDE BOMBONS E OS COLOCA EM CAIXAS IGUAIS À CAIXA DA IMAGEM ABAIXO. ELA USOU 10 DESSAS CAIXAS PARA EMBALAR TODOS OS BOMBONS QUE FEZ. QUANTOS BOMBONS BIANCA FEZ?

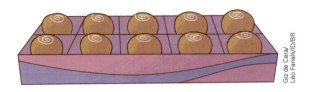

BIANCA FEZ _____ BOMBONS.

2. DESCUBRA A REGRA E COMPLETE A SEQUÊNCIA A SEGUIR.

| 0 | 10 | | | | 60 | | | | |

3. COMPLETE AS OPERAÇÕES DE FORMA QUE O RESULTADO SEJA SEMPRE O NÚMERO QUE ESTÁ NO CÍRCULO.

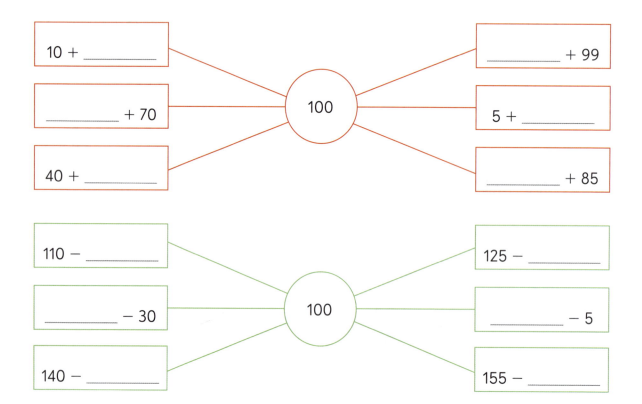

CENTENAS INTEIRAS

4. COMPLETE AS LACUNAS DE ACORDO COM O NÚMERO REPRESENTADO COM O MATERIAL DOURADO. DEPOIS, ESCREVA COMO SE LÊ O NÚMERO.

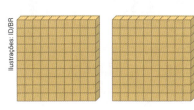

_____ DEZENAS OU _____ CENTENAS

200: _____

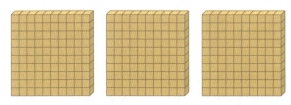

_____ DEZENAS OU _____ CENTENAS

300: _____

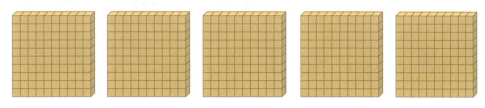

_____ DEZENAS OU _____ CENTENAS

_____: _____

5. ESCREVA AS CENTENAS INTEIRAS POR EXTENSO.

A) 100: _____

B) 400: _____

C) 600: _____

D) 700: _____

6. COMPLETE A RETA NUMÉRICA A SEGUIR.

MÓDULO 4

NÚMEROS ATÉ 999

7. LIGUE CORRETAMENTE AS DUAS COLUNAS.

989	NOVECENTOS E SESSENTA E SEIS
235	2 CENTENAS E 17 UNIDADES
543	5 CENTENAS, 4 DEZENAS E 7 UNIDADES
547	9 CENTENAS, 8 DEZENAS E 9 UNIDADES
217	2 CENTENAS, 3 DEZENAS E 5 UNIDADES
966	QUINHENTOS E QUARENTA E TRÊS

8. ESCREVA O ANTECESSOR E O SUCESSOR DE CADA NÚMERO.

A) _____ 199 _____   D) _____ 815 _____

B) _____ 249 _____   E) _____ 908 _____

C) _____ 627 _____   F) _____ 777 _____

9. CONTORNE O MENOR NÚMERO EM CADA CASO.

A) 175   E   157   C) 391   E   399

B) 234   E   245   D) 809   E   890

10. COMPLETE COM < (MENOR QUE) OU > (MAIOR QUE).

A) 152 _____ 167   C) 519 _____ 508

B) 372 _____ 410   D) 987 _____ 977

11. PINTE A RESPOSTA CORRETA EM CADA CASO.

A) ARREDONDE O NÚMERO 178 PARA A DEZENA MAIS PRÓXIMA.

170   180

B) ARREDONDE O NÚMERO 532 PARA A DEZENA MAIS PRÓXIMA.

530   540

C) ARREDONDE O NÚMERO 890 PARA A CENTENA MAIS PRÓXIMA.

800   900

D) ARREDONDE O NÚMERO 723 PARA A CENTENA MAIS PRÓXIMA.

700   800

12. COMPLETE A RETA NUMÉRICA COM OS NÚMEROS DO QUADRO.

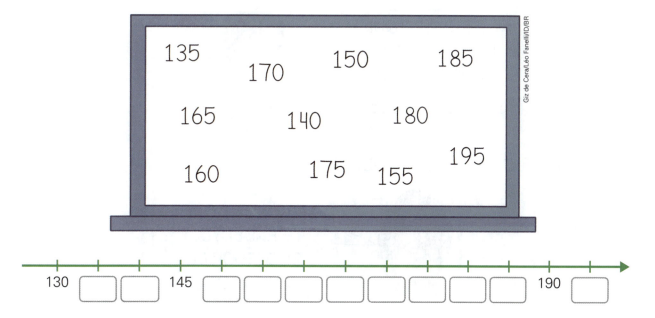

13. ESCREVA COM ALGARISMOS OS NÚMEROS REPRESENTADOS NOS ÁBACOS.

A)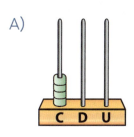

B)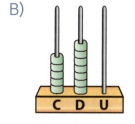

C)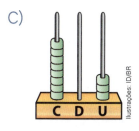

TRINTA E CINCO **35**

MÓDULO 4

PROBLEMAS

14. OBSERVE A QUANTIDADE DE CAMISETAS MARCADA EM CADA CAIXA E, DEPOIS, CALCULE QUANTAS CAMISETAS HÁ NO TOTAL.

NO TOTAL, HÁ _____ CAMISETAS.

15. OBSERVE AS DICAS QUE AS CRIANÇAS ESTÃO DANDO E DESCUBRA O NÚMERO EM CADA CASO.

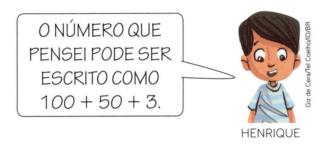

HENRIQUE PENSOU NO NÚMERO _____.

LARISSA PENSOU NO NÚMERO _____.

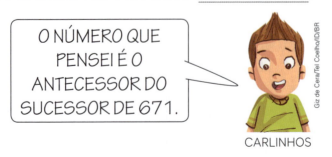

CARLINHOS PENSOU NO NÚMERO _____.

EXPLORE MAIS

16. ESCREVA O VALOR POSICIONAL DE CADA ALGARISMO E, DEPOIS, COMPLETE AS LACUNAS.

A) 3 1 7

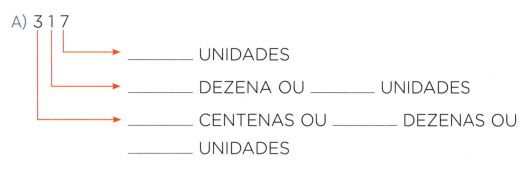

- _____ UNIDADES
- _____ DEZENA OU _____ UNIDADES
- _____ CENTENAS OU _____ DEZENAS OU _____ UNIDADES

317 = _____ + _____ + _____

B) 7 2 5

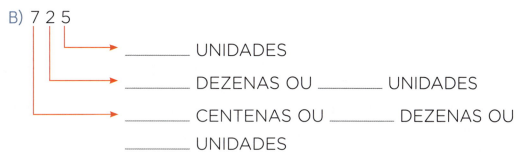

- _____ UNIDADES
- _____ DEZENAS OU _____ UNIDADES
- _____ CENTENAS OU _____ DEZENAS OU _____ UNIDADES

725 = _____ + _____ + _____

C) 8 3 1

- _____ UNIDADE
- _____ DEZENAS OU _____ UNIDADES
- _____ CENTENAS OU _____ DEZENAS OU _____ UNIDADES

831 = _____ + _____ + _____

D) 9 6 6

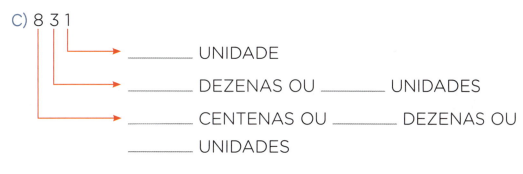

- _____ UNIDADES
- _____ DEZENAS OU _____ UNIDADES
- _____ CENTENAS OU _____ DEZENAS OU _____ UNIDADES

966 = _____ + _____ + _____

MÓDULO 5 — MAIS ADIÇÃO E SUBTRAÇÃO

Adição

1. Complete as lacunas a seguir e, depois, calcule o resultado das adições.

   a) 132: _____ centena, _____ dezenas e _____ unidades
      +
      143: _____ centena, _____ dezenas e _____ unidades
      _____
             _____ centenas, _____ dezenas e _____ unidades

   132 + 143 = _____

   b) 254: _____ centenas, _____ dezenas e _____ unidades
      +
      421: _____ centenas, _____ dezenas e _____ unidade
      _____
             _____ centenas, _____ dezenas e _____ unidades

   254 + 421 = _____

2. Calcule o resultado das adições abaixo e, depois, complete as lacunas.

   a) 16 + 81 + 100 = _____

   b) 211 + 333 + 422 = _____

3. Escreva a adição que está representada em cada ábaco.

   a) 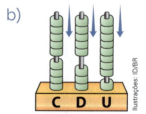   b)

   _____ + _____ = _____   _____ + _____ = _____

38 trinta e oito

4. Calcule o resultado de cada adição.

a)
D	U
3	2
+2	4
___	___

b)
D	U
7	2
+1	7
___	___

c)
C	D	U
3	4	7
+1	1	1
___	___	___

d)
C	D	U
8	2	5
+1	7	4
___	___	___

5. Observe a quantia que cada criança tinha e a quantia que cada uma ganhou. Depois, responda às questões.

a)

Laura tinha _____ reais.

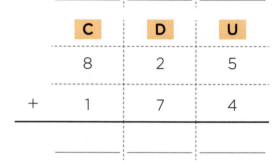

Laura ganhou _____ reais.

- Com quantos reais Laura ficou?

  _____ + _____ = _____

  Laura ficou com _____ reais.

b)

Marcelo tinha _____ reais.

Marcelo ganhou _____ reais.

- Com quantos reais Marcelo ficou?

  _____ + _____ = _____

  Marcelo ficou com _____ reais.

trinta e nove 39

MÓDULO 5

Subtração

6. Calcule o resultado das subtrações abaixo.

a) 400 − 300 = _____

b) 600 − 500 = _____

c) 900 − 700 = _____

d) 800 − 600 = _____

e) 900 − 600 = _____

f) 500 − 200 = _____

7. Calcule o resultado de cada subtração.

a)
D	U
8	9
− 1	5

b)
D	U
3	7
− 2	7

c)
D	U
6	7
− 2	3

d)
D	U
7	8
− 5	6

e)
D	U
4	8
− 2	3

f)
D	U
6	4
− 4	1

8. Observe a sequência de mudanças feitas no ábaco e escreva a subtração realizada.

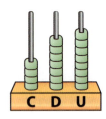 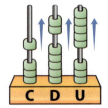 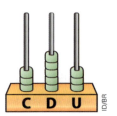

_____ − _____ = _____

9. Efetue as operações e ligue-as às respostas correspondentes.

76 − 34		17
26 − 9		22
34 − 18		16
97 − 75		29
52 − 23		42

10. Descubra a regra de cada sequência e complete-a.

a) | 900 | 800 | 700 | 600 | | | |

b) | 800 | 750 | 700 | 650 | | | |

c) | 900 | 750 | 600 | 450 | | | |

d) | 960 | 840 | 720 | 600 | | | |

11. Cinco amigos foram a uma loja de roupas. Observe no quadro abaixo a quantia, em real, que cada um tinha e quanto cada um gastou. Em seguida, complete o quadro com o valor que sobrou para cada um.

	Tinha	Gastou	Sobraram
Guilherme	89	78	
Leandro	67	23	
Marcelo	45	39	
Fábio	23	11	
Bruno	98	56	

MÓDULO 5

Problemas

12. Observe os produtos que Rita gostaria de comprar e o valor de cada um deles. Depois, responda às questões.

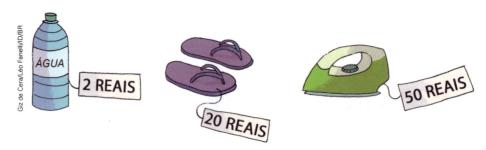

a) Qual é o valor total, em real, dos três produtos?

O valor total dos três produtos é _____ reais.

b) Rita tem 60 reais. Quantos reais faltam para Rita comprar os três produtos?

Faltam _____ reais para Rita comprar os três produtos.

13. Márcio tinha 195 reais. Ele comprou cinco carrinhos, no valor total de 60 reais, e uma bola de futebol, no valor de 124 reais. Com quantos reais Márcio ficou?

Márcio ficou com _____ reais.

Explore mais

14. Resolva as operações e pinte o desenho de acordo com a legenda.

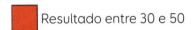 Resultado entre 50 e 90

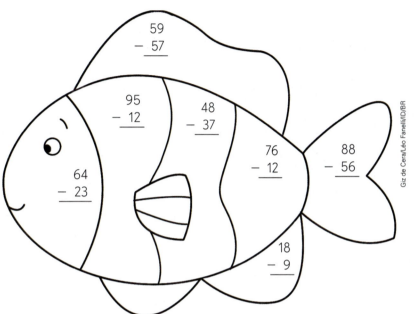

■ Resultado entre 30 e 50

■ Resultado entre 10 e 30

■ Resultado menor que 10

15. Em cada caso, verifique quais subtrações estão corretas e, depois, pinte as que foram realizadas corretamente.

780 − 320 = 450	620 − 615 = 10	999 − 666 = 333
432 − 321 = 111	579 − 126 = 452	847 − 216 = 630
123 − 23 = 100	648 − 30 = 618	398 − 198 = 200

16. Complete a subtração a seguir.

459:      400   + _____ + _____
326: −   _____ +   20   +   6
         _____
          _____ + _____ + _____ = _____

quarenta e três **43**

MÓDULO 6

GRANDEZAS E MEDIDAS

Instrumentos de medida

1. Ligue cada instrumento abaixo ao que ele pode medir.

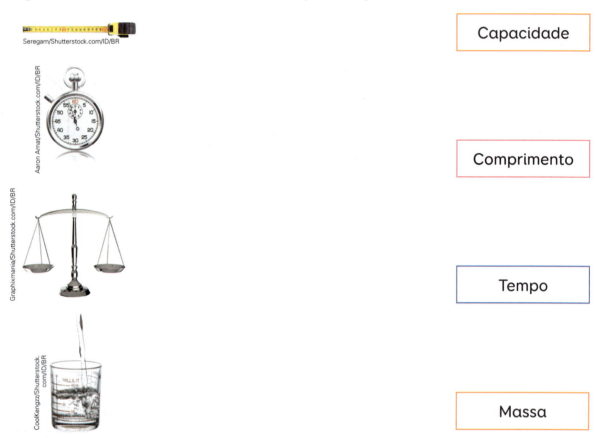

Capacidade

Comprimento

Tempo

Massa

2. Marque com um **X** o instrumento que pode ser utilizado para medir a largura de um caderno e contorne o instrumento que pode ser utilizado para medir a massa de um pacote de arroz.

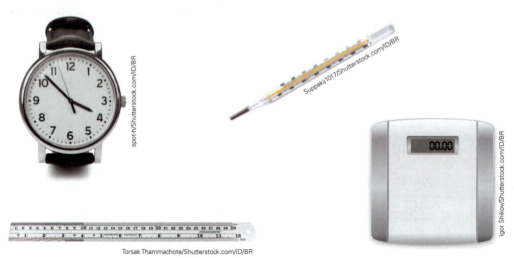

44 quarenta e quatro

Medidas de comprimento

3. Wesley está atravessando a rua para levar o cachorro dele até a praça. Usando ▬ como unidade de medida, complete a lacuna.

A distância percorrida por Wesley para atravessar a rua é igual a _____ vezes o comprimento de ▬.

4. Pense no tamanho real e ligue a medida de comprimento correspondente em cada caso.

15 cm

4 cm

90 cm

5. Observe o caminho entre o carro e o cone e responda à questão.

- Sabendo que o lado de cada quadradinho mede 1 cm, qual é o comprimento do caminho que o carro fez para chegar ao cone?

_____

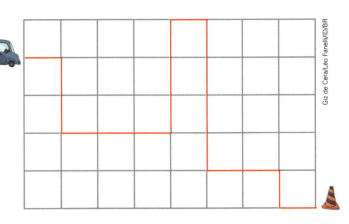

quarenta e cinco 45

MÓDULO 6

Medidas de tempo

6. Responda às questões a seguir.

   a) A que horas você acorda? _____

   b) A que horas você vai para a escola? _____

   c) A que horas você costuma dormir? _____

7. Observe o calendário a seguir e, depois, responda às questões.

   a) Quantos meses tem um ano? _____

   b) Quais são os meses do ano? _____
   _____
   _____

   c) Quais são os dias da semana? _____
   _____
   _____

   d) Qual mês do ano tem menos dias? _____

46 quarenta e seis

Medidas de massa

8. Observe as balanças a seguir e verifique se as frutas têm 1 kg, mais de 1 kg ou menos de 1 kg. Marque com um **X** a resposta correta.

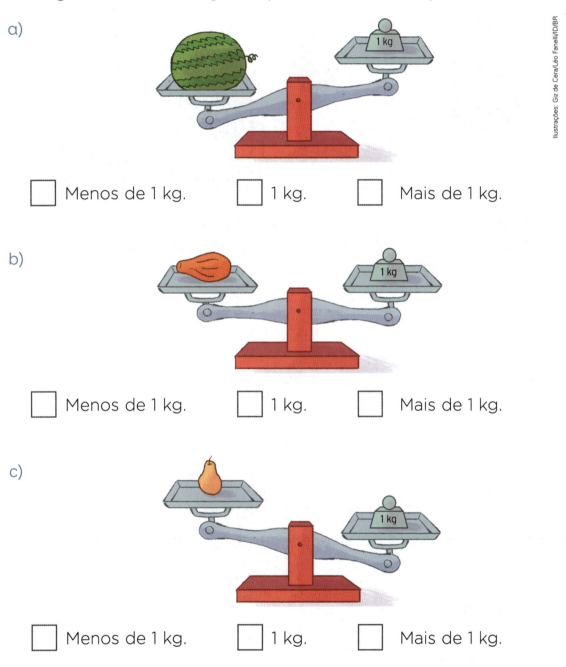

a)
☐ Menos de 1 kg. ☐ 1 kg. ☐ Mais de 1 kg.

b)
☐ Menos de 1 kg. ☐ 1 kg. ☐ Mais de 1 kg.

c)
☐ Menos de 1 kg. ☐ 1 kg. ☐ Mais de 1 kg.

9. Faça estimativas e complete as frases com **mais** ou **menos**.

a) Um navio tem _____ de 999 kg.

b) Uma formiga tem _____ de 5 g.

c) Uma geladeira tem _____ de 200 kg.

MÓDULO 6

Medidas de capacidade

10. Contorne os produtos que são vendidos em litros ou em mililitros.

11. Procure, em folhetos de supermercado, jornais ou revistas, recipientes em que cabem mais de 1 litro. Depois, recorte-os e cole-os no espaço abaixo.

12. Com 1 litro de suco é possível encher 4 . Quantos litros de suco há em cada caso?

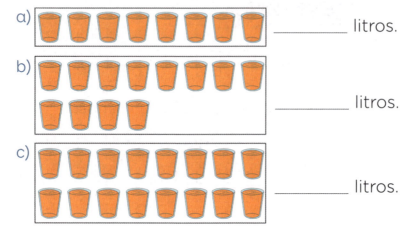

a) _____ litros.

b) _____ litros.

c) _____ litros.

48 quarenta e oito

Cédulas e moedas

13. Escreva o número de cédulas ou de moedas necessárias para obter 100 reais em cada caso.

14. Veja a quantia que Luís tem e o preço do carrinho que ele quer comprar. Depois, responda às questões.

a) Quantos reais Luís tem? _____

b) Marque com um **X** as cédulas e as moedas que Luís vai precisar para pagar o carrinho sem que haja troco.

quarenta e nove **49**

MÓDULO 6

Problemas

15. Talita anotou no caderno algumas datas. Observe.

a) Quantos dias faltam para a festa de aniversário da Gabriela?
_____

b) Quantos meses terá a duração do curso de culinária?
_____

c) Em que mês será a festa de aniversário do Márcio?
_____

16. Ricardo está na biblioteca e a mãe dele vai buscá-lo daqui a 4 horas. Observe o horário no relógio da biblioteca e, depois, responda à questão.

- A que horas a mãe de Ricardo vai buscá-lo? _____

17. Leia o diálogo e descubra em que mês Ana e Bete estão conversando.

Ana e Bete estão conversando em _____.

50 cinquenta

Explore mais

18. Observe as moedas de 1 real que Carlos tem. Ele quer trocá-las por cédulas.

- Marque com um **X** as cédulas que correspondem a uma das possibilidades de troca.

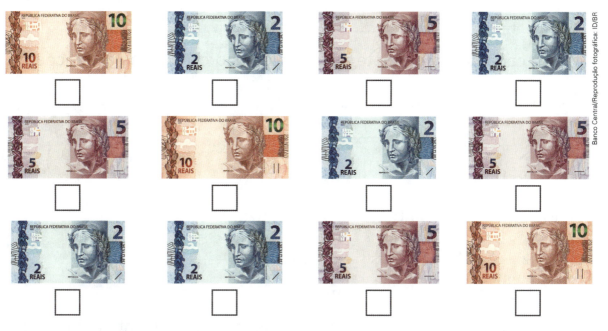

19. Observe os relógios a seguir e, depois, escreva a hora que cada um deles está marcando.

_____ _____ _____

cinquenta e um

MÓDULO 7

MULTIPLICAÇÃO

Vezes 2 e vezes 3

1. Transforme as adições em multiplicações, dando seu resultado conforme o exemplo a seguir.

$$2 + 2 + 2 + 2 = 4 \times 2 = 8$$

a) 2 + 2 + 2 + 2 + 2 + 2 = _____ × 2 = _____

b) 3 + 3 + 3 + 3 + 3 + 3 = _____ × _____ = _____

c) 2 + 2 + 2 + 2 + 2 + 2 + 2 = _____ × _____ = _____

d) 3 + 3 + 3 + 3 = _____ × _____ = _____

2. Em cada item, complete as frases de acordo com as ilustrações.

a) Há _____ flores em cada vaso.

2 + 2 + 2 = _____ × _____ = _____

No total, há _____ flores.

b) Há _____ bombons em cada caixa.

3 + 3 + 3 + 3 + 3 = _____ × _____ = _____

No total, há _____ bombons.

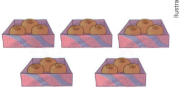

3. Em cada caixa, há 3 bonecos de super-heróis. Quantos bonecos há no total?

No total, há _____ bonecos de super-heróis.

52 cinquenta e dois

Vezes 4 e vezes 5

4. Em uma loja de esportes, estão à venda alguns conjuntos de bola de tênis. Observe a imagem e, depois, complete as frases.

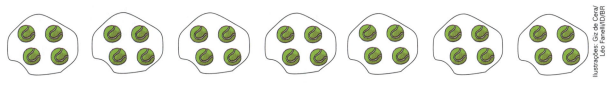

a) Existem _____ conjuntos idênticos de bola de tênis.

b) Existem _____ bolas de tênis em cada conjunto.

c) Na loja, estão disponíveis para venda _____ bolas de tênis.

5. Ligue as colunas corretamente.

4 + 4 + 4 + 4 + 4	Cinco vezes quatro (5 × 4)	12
5 + 5 + 5 + 5 + 5 + 5	Três vezes quatro (3 × 4)	30
4 + 4 + 4	Seis vezes cinco (6 × 5)	20

6. Desenhe quatro conjuntos com quatro flores cada e, depois, escreva uma adição e uma multiplicação para indicar a quantidade total de flores.

MÓDULO 7

Dobro e triplo

7. Observe o preço da boneca de pano ao lado.

   a) Qual é o **dobro** do preço da boneca?

   O dobro do preço da boneca é _____.

   b) Qual é o **triplo** do preço da boneca?

   O triplo do preço da boneca é _____.

8. Complete as frases a seguir corretamente.

   a) O dobro de 7 é _____.

   b) O dobro de 12 é _____.

   c) O dobro de 20 é _____.

   d) O triplo de 9 é _____.

   e) O triplo de 15 é _____.

   f) O triplo de 30 é _____.

9. Observe as caixas de brigadeiros que Juliana comprou.

   a) Quantos brigadeiros Juliana comprou? _____

   b) Lucas comprou o dobro de caixas de brigadeiros de Juliana. Quantos brigadeiros Lucas comprou?

   Lucas comprou _____ brigadeiros.

54 cinquenta e quatro

Metade e terço

10. Em cada caso, contorne a **metade** da quantidade de objetos.

a)

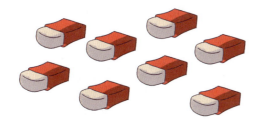

c)

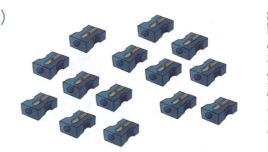

b)

d)

11. Desenhe um **terço** de:

a) 12 bananas.

b) 15 morangos.

c) 21 laranjas.

MÓDULO 7

Problemas

12. Jussara tem 8 reais na carteira. Sabendo que Giovana tem o dobro da quantia de Jussara e que Isabela tem o triplo da quantia de Jussara, identifique de quem é cada quantia.

_____   _____

13. Um cavalo consome, em média, 12 quilogramas de capim por dia. Observe a quantidade de cavalos abaixo e responda às questões.

a) Quantos quilogramas de capim, ao todo, esses cavalos consomem por dia?

Esses cavalos consomem _____ kg de capim por dia.

b) Quantos quilogramas de capim cada cavalo consome em uma semana?

Cada cavalo consome _____ kg de capim em uma semana.

Explore mais

14. Vamos descobrir a idade de Mateus e de Marcos?

- Lucas tem 15 anos.
- Marcos tem o dobro da idade de Lucas.
- Mateus tem o triplo da idade de Marcos.

Marcos tem _____ anos e Mateus tem _____ anos.

15. Qual é o nome das aves abaixo?

Para descobrir, observe o código mostrado no quadro a seguir, em que cada número é associado a uma letra.

19	20	21	22	23	24	26	28	30	40	42	45	48	72	80
E	I	D	O	U	B	F	H	J	L	M	R	U	A	Z

O nome dessas aves é composto de duas palavras. Para descobrir cada letra, é necessário resolver as operações a seguir e associar cada resultado ao código mostrado no quadro.

Dobro de 36	Triplo de 15	Triplo de 24	9 × 5	18 × 4		24 × 3	Dobro de 40	Dobro de 24	8 × 5
					-				

cinquenta e sete 57

MÓDULO 8
ESTATÍSTICA E PROBABILIDADE

Tabelas e gráficos

1. O professor de Educação Física fez um gráfico que mostra o número de pontos marcados pela equipe de basquete da escola nas seis primeiras partidas do campeonato dos segundos anos das escolas do bairro. Observe.

Dados obtidos pelo professor de Educação Física.

- Preencha a tabela a seguir com as informações do gráfico.

Partida do campeonato	Número de pontos

58 cinquenta e oito

2. Letícia trabalha em uma loja de brinquedos. Observe na tabela abaixo a quantidade de cada brinquedo que ela vendeu em uma semana. Depois, complete o gráfico.

Brinquedos vendidos por Letícia em uma semana

Brinquedo	Quantidade
Carrinho	6
Urso de pelúcia	8
Jogo de tabuleiro	5
Boneca	9
Bola	2

Dados fornecidos por Letícia.

Dados fornecidos por Letícia.

- Agora, responda às questões.

    a) Qual foi o brinquedo mais vendido? _____

    b) Qual foi o brinquedo menos vendido? _____

    c) Quantos brinquedos foram vendidos no total? _____

cinquenta e nove **59**

MÓDULO 8

3. Uma montadora de automóveis apresentou em uma tabela a quantidade de automóveis de três modelos (**A**, **B** e **C**) fabricados nos meses de janeiro, fevereiro e março de 2019. Observe.

Quantidade de automóveis fabricados

Modelo	Janeiro	Fevereiro	Março
A	12	9	11
B	5	6	8
C	10	9	7

Dados obtidos pela administração da montadora.

a) Em qual mês foram fabricados mais automóveis do modelo **B**?
_____

b) Quantos automóveis do modelo **C** foram fabricados no mês de fevereiro? _____

c) Quantos automóveis foram fabricados em cada mês?

_____

_____

d) Em qual mês foram fabricados mais automóveis?
_____

e) Em qual mês foram fabricados menos automóveis?
_____

f) Quantos automóveis foram fabricados no primeiro trimestre de 2019?

_____

4. O professor Jorge fez uma pesquisa com as três turmas do 2º ano para saber o esporte que os alunos mais gostam de praticar.

- Observe como o professor registrou as respostas no gráfico e, depois, responda às questões.

Dados obtidos pelo professor Jorge.

a) Quantos alunos gostam de praticar futebol? _____

b) Quantos alunos gostam de praticar vôlei? _____

c) Quantos alunos gostam de praticar basquete? _____

d) Quantos alunos gostam de praticar atletismo? _____

e) Sabendo que cada aluno escolheu um único esporte, quantos alunos participaram dessa pesquisa? Registre o cálculo que você fez.

Participaram dessa pesquisa _____ alunos.

sessenta e um 61

MÓDULO 8

Classificação de eventos

5. Flávia e Jonas estão brincando de jogo da velha. Flávia escolheu o ✖ e Jonas ficou com 🟢. Cada um, na sua vez, faz uma marca em uma casa vazia. O objetivo é fazer três marcas iguais na linha horizontal, vertical ou diagonal. Abaixo, você pode observar as marcações de uma partida.

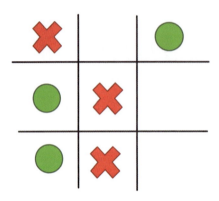

a) Se agora for a vez de Jonas jogar, é provável, improvável ou impossível que ele ganhe? _____

b) Se agora for a vez de Flávia jogar, é provável, improvável ou impossível que ela ganhe? _____

6. Em uma urna, há várias bolinhas amarelas e uma bolinha azul, conforme a imagem ao lado. Sobre essa situação, classifique os eventos em provável, improvável e impossível.

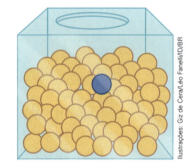

a) Sortear uma bolinha amarela.
_____

b) Sortear uma bolinha azul. _____

c) Sortear uma bolinha verde. _____

7. Lucas lançou um dado comum e observou a face que caiu voltada para cima. Marque com um **X** a afirmação correta.

( ) É impossível que ele tenha tirado a face 1.

( ) É provável que ele tenha tirado um número menor que 7.

( ) É improvável que ele tenha tirado a face 8.

62 sessenta e dois

Problemas

8. A professora do 2º ano A fez uma pesquisa sobre a preferência dos alunos dessa turma por tipos de jogo. Cada aluno da sala escolheu apenas um jogo. Observe a tabela que a professora construiu.

Jogos preferidos dos alunos do 2º ano A

Tipo de jogo	Quantidade de meninos	Quantidade de meninas
Quebra-cabeça	3	6
Xadrez	4	4
Memória	7	3
Trilha	2	1

Dados obtidos pela professora.

a) Qual é o jogo preferido dos meninos? _____

b) Qual é o jogo preferido das meninas? _____

c) Quantos meninos há no 2º ano A? E quantas meninas?
_____

d) Complete o gráfico de barras abaixo, considerando o total de alunos que preferem cada tipo de jogo.

Dados obtidos pela professora.

MÓDULO 8

Explore mais

9. Carla e Tiago vão jogar uma partida de pingue-pongue. Para decidir quem vai iniciar a partida, eles resolveram tirar cara ou coroa com uma moeda. O que é mais provável acontecer: Carla começar a partida ou Tiago começar a partida? Por quê?

_____

_____

10. Gabriela pesquisou o preço de alguns produtos em três supermercados. Observe a tabela que ela construiu.

Pesquisa de preços

Produto	Supermercado A	Supermercado B	Supermercado C
Pacote de arroz	11 reais	12 reais	13 reais
Pacote de feijão	6 reais	7 reais	4 reais
Pacote de macarrão	3 reais	4 reais	2 reais
Pacote de café	8 reais	5 reais	9 reais

Dados fornecidos por Gabriela.

a) De acordo com os dados da pesquisa de Gabriela, preencha a tabela abaixo com o menor preço e com o supermercado onde o produto é encontrado.

Produtos com o menor preço

Produto	Preço	Supermercado
Pacote de arroz		
Pacote de feijão		
Pacote de macarrão		
Pacote de café		

Dados obtidos por Gabriela.

b) Quantos reais uma pessoa vai gastar se comprar os produtos com o menor preço? _____

64 sessenta e quatro